글 이미애

작가, 파티 플래너, 문화 행사 기획자, 호오포노포노 프렉티셔너 겸 마스터 트레이너, 엔젤 테라피스트, 미디엄, 레이키 마스터, NLP 트레이너
(주)스타일라이프 엔터테인먼트 문화 홍보 팀장

호오포노포노의 비밀(제로 리미트) 저자인 조 비테일 선생으로부터 호오포노포노 프렉티셔너를 인증 받았고, 박한진 박사(Kahuna Park)의 호오포노포노 마스터 트레이너 과정을 이수 했다. 또한 도린 버츄 선생의 엔젤 테라피스트와 미디엄 과정을 이수했다. 현재 박한진 박사와 웬디 로빈슨 선생으로부터 하와이 샤머니즘인 후나를 전수 받고 있다.

동서양의 신비지식들을 공부하고 몸과 마음의 통합적 치유를 탐구하고 있다. 인생의 색다른 의미를 찾아가는 영성 상담가이자 파티 문화 기획자로서 즐겁고 풍요로운 삶에 대한 끝없는 도전과 활동을 하며 살고 있다.

블로그명 : 매직 릴리스트
모두 : @엔젤테라피
인스타그램 : healer_rumie
밴드 : 호오포노포노라이프
http://band.us/@hoponopono
TEL : 070-8878-8801

그림 박기주

일러스트레이터, 편집자
(주)스타일라이프(구 성숙한삶) 출판사의 【위치크래프트】, 【아우토겐 트레이닝】, 다크아트 출판사의 【유가심인 티벳밀교 육성취법】, 【기공과 에너지 힐링】, 【기공과 정신공학】, 【홍연정결 기문둔갑 옥추경 제례】, 【홍연정결 기문둔갑 을척법과 시세산법】 【공주님의 우아한 기 살리기】 【그림으로 배우는 호오포노포노】 【부주파 도교 입문】 등 다수의 도서 일러스트를 담당

그림으로 배우는 하와이 마나 힐링

그림으로 배우는 하와이 마나 힐링

펴낸날 | 초판1쇄 2017년 12월 28일
글 | 이미애 · 그림 | 박기주
기획 | 박한진
편집 · 디자인 | 박기주
펴낸이 | 박기주
펴낸곳 | 다크아트
주소 | 인천 중구 하늘별빛로 86
Tel | 010-5683-9007
Fax | 0303-3446-9075
Homepage | http://www.darkart.co.kr
Email | darkartpublication@gmail.com

이 책은 저작권법에 따라 보호받는 독창적인 저작물이므로 무단전재와 무단복제를 일체 금하며, 이 책의 내용 전부 또는 일부를 이용하려면 반드시 저작권자와 다크아트의 서면 동의를 받아야 합니다.

● 잘못 만들어진 책은 서점에서 교환해 드립니다.

ISBN 979-11-88308-10-1 (03190)

값 18,000원

이 도서의 국립중앙도서관 출판예정도서목록(CIP)은 서지정보유통지원시스템 홈페이지(http://seoji.nl.go.kr)와 국가자료공동목록시스템(http://www.nl.go.kr/kolisnet)에서 이용하실 수 있습니다. (CIP제어번호: CIP2017034590)

이 페이지에 손을 대거나 그림을 바라보고 있으면

정화의 마나를 받을 수 있습니다

들어가며 6

하와이 마나 힐링 CH1 마나란? 8
태양 명상 15
달 명상 22
대지 명상 22

하와이 마나 힐링 CH2 일령 사혼과 사랑 명상 26
일령 사혼 27
사랑 명상 33

하와이 마나 힐링 CH3 현대 로미로미 힐링 46
카히로아 47
카파렐레 68
카파렐레 카히로아 힐링 세션 90
칼로칼로 96
로미로미 힐링 총정리 99

하와이 마나 힐링 CH4 하트 힐링 112

하와이 마나 힐링 CH5 차크라 힐링 122

하와이 마나 힐링 CH6 오라 힐링 130

하와이 마나 힐링 CH7 애니멀 토템 140
    애니멀 토템(파워 애니멀) 146
    애니멀 토템과 만나는 명상법 148

하와이 마나 힐링 CH8 소울 리트리벌 168
    소울 로스의 대표적인 원인 170
    소울 로스의 대표적인 증상 175
    소울 리트리벌 명상법 176
    타인을 위한 소울 리트리벌 명상법 198

하와이 마나 힐링 CH9 스피릿 가이드 힐링 206

들어가며...

   지난번 【그림으로 배우는 호오포노포노】를 아껴주시는 많은 분들께 감사드리며 지난번 서적에서는 충분히 다루지 못한 '마나'에 대한 부분을 소개하는 것을 이번 서적의 목표로 삼았습니다. 호오포노포노에서는 제로 상태에 있을 때 발생하는 제로 코드로 흐르는 것이 마나라고 봅니다. 그렇기에 하와이 샤먼인 카후나는 마나를 통해서 많은 정보를 얻고 기적을 일으켰었습니다. 하와이 샤머니즘은 현재 미국 본토 샤머니즘과 많은 교류를 하며 그 지혜의 깊이를 높혀가고 있습니다. 그렇기에 이러한 모든 내용들을 한국에 소개하고 싶어졌습니다. 샤머니즘의 우주관은 참으로 곱고 아름답습니다.

이 서적은 그동안 한국에는 자세히 소개되지 못했던 하와이와 북미의 샤먼들의 영혼관을 소개합니다. 또한 하와이에 이식이 된 일본 신도의 가르침도 포괄하는 광범위한 샤머니즘 안내서가 되도록 했습니다. 이번 서적도 역시 박한진 박사님께 배운 내용을 중심으로 개인적인 체험을 더한 내용으로 구성을 했습니다. 그리고 박기주 대표님의 일러스트는 늘 말이나 글로는 다 표현되지 못하는 부분을 명확하게 드러냅니다. 또한 귀엽기도 하구요. 다시 한번 감사드립니다. 늘 사랑 가득한 지지를 해주시는 엄마, 감사합니다. 그리고 함께하면 즐거운 친구들과 교육이나 상담으로 인연 되신 분들께도 사랑과 감사를 드립니다.

CH1 | 마나란?

　고대 하와이 사람들은 이 세상은 마나라고 불리우는 거대한 에너지의 공간으로 여겼습니다. 그래서 사람들이 경험하는 모든 일들은 마나의 흐름 속에서 순조롭게 가거나 왜곡되어 힘들게 가거나 하게 된다고 보았습니다. 그렇기에 하와이에서는 왜곡된 마나의 흐름을 순조롭게 바꾸는 여러 가지 기법들이 태어났습니다. 마나 힐링은 그러한 기법들을 현대 생활에 맞도록 정리한 기법입니다.

잠시 자신의 호흡에 의식을 돌려보세요. 내가 숨을 쉬는 것이 아니라 내 외부 공간이 숨을 쉰다고 생각을 해봅니다. 예를 들면, 내가 숨을 들이마실 때 외부 공간이 나에게로 숨을 내쉬는 것이라고 생각을 하고 내가 숨을 내쉴 때는 외부공간이 숨을 들이마시는 것이라고 생각을 해보는 것입니다. 이렇게 나와 외부공간이 연결된 것과 같은 느낌이 마나입니다.

[피코피코 마나 호흡]
호흡은 코로 하거나 입으로 하거나 상관이 없습니다.

※ 피코피코 마나 호흡에는 여러 종류가 있지만 대부분 단전 호흡과 유사하므로 다른 계통의 피코피코 호흡은 따로 설명하지 않았습니다.

한 가지를 더 해보지요. 상상으로 내가 있는 이 공간이 물속이라고 떠올리고 내가 움직이는 것이 마치 물속에서 수영을 하고 있다고 상상을 해봅니다. 내가 손을 움직이면 내가 손을 움직인 것이 아니라 내 주위공간이 나의 손에게 다른 공간을 양보해 주어서 그 공간으로 내 손이 움직여 갔다고 생각해 보는 것입니다.

하와이 마나 힐링 CHI 마나란?

마음속으로 '내가 움직여 갈 공간을 양보해 주어서 고마워~'라고 말합니다.

이렇게 고대 하와이언들은 우리 주위 공간이 기계론적인 물리 공간이 아니라 살아서 펄펄 뛰는 그러한 생명으로 보았던 것입니다. 그리고 이 생명이 마나입니다.

내 몸에 가장 가까운 에너지를 마나라고 하고, 내 마음에 연결된 에너지를 마나마나라고 하고, 내 영혼과 관련되는 에너지를 마나로아라고 합니다. 이 세 가지 생명 에너지로 신이라 불리우는 이오와 연결이 됩니다. 모든 존재는 이렇게 마나, 마나마나, 마나로아로 신과 하나가 되는 아이덴티티를 갖추고 있습니다. 마나 힐링이란 이러한 각각의 아이덴티티가 온전하게 활동하고 행복하게 표현하도록 돕는 것입니다.

태양 명상

태양은 자연 속에서 유일한 Only Giver(주기만 하는 자)입니다. 모든 존재는 태양 덕분에 살고 있으며 모든 생명은 태양으로부터 나누어진 것으로 고대 하와이언들은 믿었습니다. 그렇기에 첫 번째 힐링은 태양의 생명을 더욱더 많이 받아들이는 것입니다.

 의자나 바닥에 똑바로 앉아 무릎에 손바닥을
위로 향해 놓습니다.

 머릿속에 이글이글 타고 있는 뜨거운 태양을 상상합니다.

태양 이미지의 심상이 확고해지면 속으로 이렇게 외칩니다. '태양이시여! 여기로 오세요. 자, 저에게 오세요.'

태양이시여! 여기로 오세요. 자, 저에게 오세요.

 손바닥에 열감이 생기면 태양 에너지가 온 것입니다.

 손으로 내려온 태양 에너지로 주위 에너지(마나/마나마나/마나로아)를 천천히 충전합니다.

 나에게 와줘서 고맙다고 태양 에너지에게 감사의 인사를 합니다.

달 명상

달은 태양의 빛을 반사하는 존재이면서 매일 형태를 바꾸고 바다의 조수간만과 여성의 생리에 영향을 줍니다. 그래서 보통 태양을 남성적인 에너지라고 하면 달은 여성적인 에너지라고 합니다. 태양이 눈에 보이는 현실을 창조하는 힘이라면 달은 현실을 감싸 안고 있는 영성과 같습니다. 그렇기에 태양 명상과 함께 달 명상을 하면 마나의 밸런스가 좋아지고 현실과 영성 모두 평화롭고 순하게 풀려가게 됩니다.

명상하는 방법은 태양 명상과 동일하지만 태양이 아니라 달을 상상하며 합니다.

대지 명상

모든 생명은 대지로부터 탄생하고 대지로 돌아가게 됩니다. 그렇기에 우리는 늘 대지에 접촉하고 있어야 합니다. 실제적인 육체가 접촉하지 않는다 하더라도 대지에 뿌리를 내린 느낌을 가져야 합니다. 이러한 것을 그 하와이 마나 힐링 CHI 마나란?

라운딩이라고 합니다.

[그라운딩 방법]

발바닥으로 살짝 땅을 미는 느낌을 갖습니다.

그런 후 내가 나무가 되어서 지구에 뿌리를 내리는 것처럼 상상을 합니다.

일령 사혼

일령 사혼설은 일본 신도의 중심 학설입니다. 그것이 하와이에 정착한 지 백 년이 넘게 되어서 하와이에서 일본 신사를 보는 것이 어렵지 않고, 이제는 하와이 문화의 일부로 들어와 있는 부분도 많습니다. 그래서 하와이 마나 힐링에서 일본 신도를 이야기하는 경우가 있습니다.

일령은 영혼이 바르게 되어있을 때 '직령'이라고 하고 영혼이 왜곡되어 있을 때 '곡령'이라고 합니다. 사혼은 기혼, 행혼, 황혼, 화혼이라고 칭합니다. 이 네 가지 혼이 마나로 충만하면 일령은 직령이 되고 이 네 가지 혼이 마나의 고갈이나 편중이되면 일령은 곡령이 됩니다.
이 일령과 사혼을 줄여서 '영혼'이라고 부릅니다.

기혼
:지혜•통찰력•초상적인 체험을
 관장하는 마나의 각성

일령

행혼
:행운을 일으키는
 마나의 변화장소

황혼
:이 세상에 물질을 가져오는
 마나의 원천이고 소망실현에
 깊게 관계

화혼
:조화•통합하는 작용을 하는
 마나의 저장소

일령: 야구공 크기
기혼, 행혼, 황혼, 화혼: 야구공
보다 조금 작은 크기

 일령은 사혼의 관제탑과 같고 그 사람의 본성이기도 하고 영혼의 DNA인 천명이 있는 곳입니다. 일반적으로 한 사람의 시작은 천지자연의 신들로부터 마나를 나누어 받아서 최초의 직령이 탄생하게 됩니다. 그리고 다른

부모로부터 그 집안의 혼(정신)과 백(신체)을 부여받으며 윤회를 하게 됩니다.

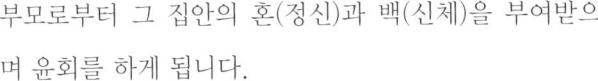

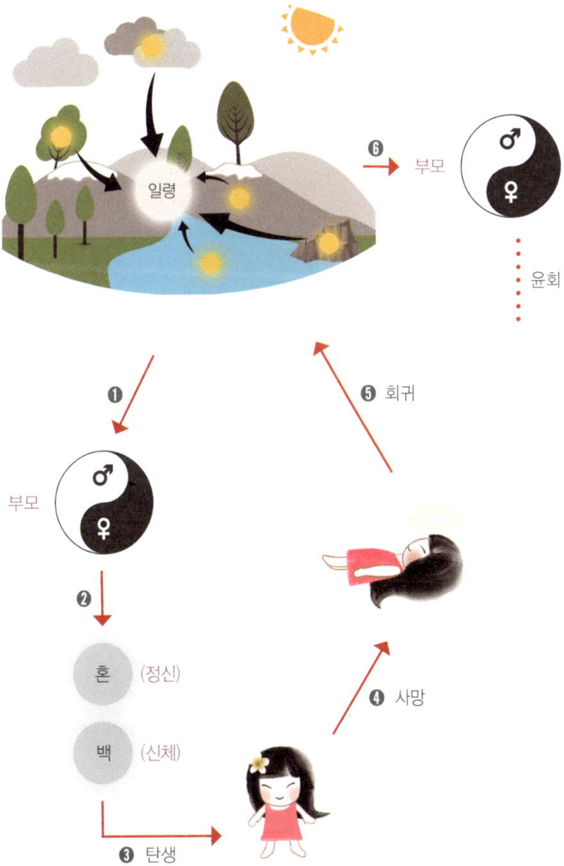

[직령 상태]

엄지를 포개고 소원을 보내고 싶은
방향으로 중지를 향합니다

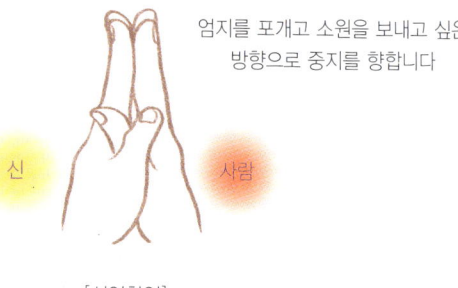

[신인합일]

[곡령 상태]

[직령 상태]

[곡령 상태]

사랑 명상

1. 직령 상태로 의자나 바닥에 앉습니다.

2. 눈을 반만 감습니다.
3. 눈꺼풀을 봅니다.

4. '나는 어디있지?'라고 묻습니다.

하와이 마나 힐링 CH2 일령 사혼과 사랑 명상

5. 현재 나는 눈꺼풀 뒤의 기혼에 위치해 있음을 압니다.

6. 직령을 바라봅니다.

7. 직령 속에 사랑의 마음을 일으킵니다.

사랑의 마음을 일으키는 방법의 예제는 다음과 같습니다.

[궁리 출판사의 【놓아버리기】 중에서...]

자애는 여러분 가슴에서 따뜻하고 밝게 빛나는 불에 정확히 비유될 수 있습니다. 굵은 통나무 아래에 성냥불을 붙여서 모닥불을 피울 수 없듯이, 어려운 대상에서 시작해서 자애의 불을 피울 수는 없습니다. 그러니 자애를 여러분 자신이나 적에게 펴는 것으로 자애명상을 시작하지 마십시오. 그 대신, 자애로 점화시키기 쉬운 대상에 자애를 펴는 것으로 시작하십시오.

– 중략 –

작은 새끼 고양이를 상상하는 것으로 자애명상을 시작합니다. 저는 고양이를, 특히 새끼 고양이를 좋아합니다. 불꽃에 가스가 필요하듯이, 자애를 일으키기 위해 저는 상상의 새끼 고양이가 필요합니다. 저는 작은 새끼 고양이만 생각하면 됩니다. 그러면 제 가슴은 자애로 불이 붙습니다. 저는 제 상상의 친구가 버려지고 배고프고 매우 두려워하고 있다고 계속해서 마음속에 그립니

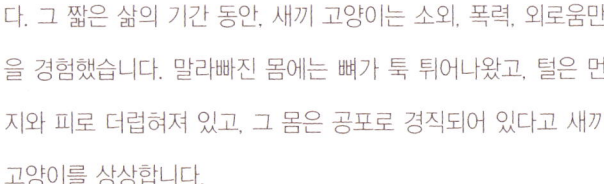

다. 그 짧은 삶의 기간 동안, 새끼 고양이는 소외, 폭력, 외로움만을 경험했습니다. 말라빠진 몸에는 뼈가 툭 튀어나왔고, 털은 먼지와 피로 더럽혀져 있고, 그 몸은 공포로 경직되어 있다고 새끼 고양이를 상상합니다.

만일 내가 이 연약한 작은 존재를 돌보지 않는다면 아무도 돌보지 않을 것이고, 그러면 이 새끼 고양이는 무섭고 외롭고 두려운 죽음을 맞을 것이라고 생각합니다. 저는 이 새끼 고양이의 모든 고통을 느낍니다. 그러면 제 가슴은 활짝 열려 연민의 물결이 넘쳐 나옵니다. 저는 이 작은 새끼 고양이를 보살필 것입니다. 저는 이 존재를 보호하고, 배고프지 않도록 먹일 것입니다.

저는 이 새끼 고양이의 눈을 깊이 바라본다고 상상합니다. 그리고 제 눈에서 흘러나오는 자애로 새끼 고양이의 걱정을 녹이려 합니다. 저는 시선을 계속 마주치면서, 천천히 안심시키며 손을 뻗습니다. 부드럽게 이 작은 새끼 고양이를 들어 올리고 가슴에 안습니다. 새끼 고양이의 추위를 제 온기로 녹입니다. 포옹의 부드러움으로 두려움을 제거합니다. 그리고 새끼 고양이의 신뢰가 자라남을 느낍니다.

저는 가슴에 안겨 있는 새끼 고양이에게 말합니다.

'작은 존재여, 다시는 외로움을 느끼지 않을 거야. 다시는 두려움을 느끼지 않을 거야. 내가 항상 너를 돌봐줄게. 네가 어딜 가든, 네가 뭘 하든, 내 가슴은 언제나 널 환영할거야. 나의 무한한 자애를 너에게 줄게.'

저는 새끼 고양이가 따뜻해지고, 긴장이 풀리고, 마침내 목을 가르랑거리는 것을 느낍니다.

저의 새끼 고양이는 모닥불에 불을 붙이기 위해 쓰는 종이와 같습니다. 여러분은 새끼 고양이를 좋아하지 않을지도 모릅니다. 그러면 강아지나 아기 같은 다른 대상을 선택하십시오. 자애의 첫 대상으로 무엇을 선택하든, 실재의 존재가 아닌 가상의 존재로 하십시오. 마음속에서 여러분은 새끼 고양이, 강아지, 혹은 아기 등 좋아하는 무엇이든 만들 수 있습니다. 현실 세계의 존재가 아닌 상상의 존재를 이용할 때, 더 많은 자유를 가지고 자애를 일으킬 수 있습니다. 제 상상의 새끼 고양이는 적절한 때에 목을 가르랑거립니다. 그리고 무릎 위에 절대로 똥을 싸지 않습니다. 첫 대상을 선택한 후, 자애의 감정을 일으키도록 상상력을 이용하여 그 대상에 관한 스토리를 창작하십시오. 연습을 통해서, 이러한 혁신적 방법은 자애명상을 시작하는 가장 성공적이고 즐거운 방법 중 하나가 됩니다.

그림으로 배우는 마나힐링

직령에 사랑을 일으킨 후
자기 자신에게 "행복해지기를 바래."라고 말을 해줍니다.
사랑 명상을 많이 할수록 몸과 마음과 영혼과 삶이 온화하고 부드러워집니다.

8. 내가 경험했던 모든 것을 직령의 사랑 속으로 놓아 버리고 모두 맡깁니다. 그리고 사랑한다고 말해주거나 행복하기를 바란다고 말을 해줍니다.

예)

❶ 안 좋았던 일을 떠올림

❷ 안 좋았던 일이 직령의 사랑 속으로 점점 작아짐

❸ 안 좋았던 일이 직령의 사랑 속에서 점점 사라짐

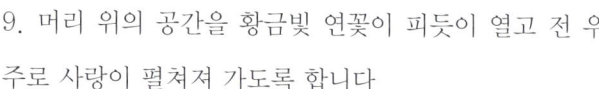

9. 머리 위의 공간을 황금빛 연꽃이 피듯이 열고 전 우주로 사랑이 펼쳐져 가도록 합니다.

CH2 일령 사혼과 사랑 명상

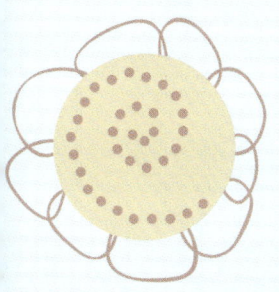

CH3 | 현대 로미로미 힐링

〈카히로아〉

원칙	원소	의미
이케	물	세상은 당신이 생각하는 그대로의 모습입니다.
칼라	암석	한계는 없습니다.
마키아	불	의도가 가는 곳에 마나가 흐릅니다.
마나와	바람	마나의 중심은 항상 현재에 있습니다.
알로하	초목	사랑은 함께 행복해지기 위한 것입니다.
마나	금수	모든 마나는 내면으로부터 시작됩니다.
포노	사람	진실함의 척도는 효율성입니다.

카히로아 명상

1. 태양 명상을 합니다.
   (Page 15 참조)

2. 달 명상을 합니다.

(Page 22 참조)

3. 일령 사혼 사랑 명상을 합니다.

(Page 33 참조)

4. 칠원소 명상을 합니다.
① 이케 명상

'세상은 내가 생각하는 그대로의 모습이다.'

라고 7번 외웁니다.

바다나 호수같이 거대한 물을 떠올립니다.

그 상태를 잠시 즐기도록 합니다.

② 칼라 명상

'내게 한계는 없다.'

라고 7번 외웁니다.

눈앞에 바위산을 떠올립니다.

그 상태를 잠시 즐기도록 합니다.

③ 마키아 명상

'나의 의도가 가는 곳에 마나가 흐른다.'

라고 7번 외웁니다.

화산이나 용광로같이 거대한 불을 떠올립니다.

그 상태를 잠시 즐기도록 합니다.

④ 마나와 명상

'마나의 중심은 항상 나의 현재에 있다.'

라고 7번 외웁니다.

태풍과 같이 거대한 바람이 부는 것을 떠올립니다.

그 상태를 잠시 즐기도록 합니다.

하와이 마나 힐링 CH3 현대 로미로미 힐링

⑤ 알로하 명상

'사랑은 나와 세상이 행복해지기 위한 것이다.'

라고 7번 외웁니다.

거대한 숲을 떠올립니다.

그 상태를 잠시 즐기도록 합니다.

⑥ 마나 명상

'마나는 나의 내면으로부터 시작된다.'

라고 7번 외웁니다.

하늘과 땅의 여러 동물들을 떠올립니다.

그 상태를 잠시 즐기도록 합니다.

⑦ 포노 명상

'나의 진실함의 척도는 효율성이다.'

라고 7번 외웁니다.

많은 사람들이 함께 행복해 하는 모습을 떠올립니다.

그 상태를 잠시 즐기도록 합니다.

5. 그라운딩

(Page 23 참조)

카히로아 테크닉

카히와이 : 이케 : 물

'세상은 당신이 생각하는 그대로의 모습입니다.'

물이 흐르는 듯한 동작

카히포하쿠 : 칼라 : 암석

'당신에게 한계는 없습니다.'

손바닥으로 누르는 동작

카히아이 : 마키아 : 불

'당신의 의도가 가는 곳에 마나도 흐릅니다.'

잡아서 던지는 동작

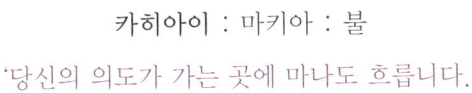

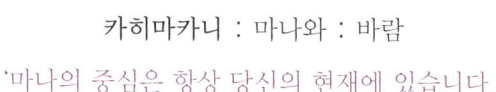

카히마카니 : 마나와 : 바람

'마나의 중심은 항상 당신의 현재에 있습니다.'

바람을 일으키는 동작

카히라아우 : 알로하 : 초목

'사랑은 당신과 세상이 함께 행복해지기 위한 것입니다.'

쓸어 올리는 동작

카히홀로호호나 : 마나 : 금수

'모든 마나는 당신으로부터 비롯됩니다.'

잡아서 굴리는 동작

하와이 마나 힐링 CH3 현대 로미로미 힐링

카히카나카 : 포노 : 사람

'진실함의 척도는 당신의 효율성입니다.'

: 내담자의 오라를 쓰다듬어 줍니다.

※이 동작은 매번 모든 카히로아 세션이 끝나고 그라운딩 전에 합니다.

쓰다듬어 주는 동작

직령 자세를 취하고 그라운딩 합니다.

(Page 23 참조)

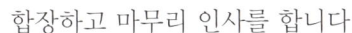

합장하고 마무리 인사를 합니다.

〈카파렐레〉

　전통 로미로미는 하와이 샤먼인 카후나들의 대표적인 보디워크입니다. 다른 말로는 '카파렐레'라고도 합니다. 카파렐레는 '솟구치고 날고 들어 올려서 신께 바친다'라는 의미입니다. 이는 몸을 통해서 하는 정화이며 호오포노포노와 같은 역할을 합니다. (다크아트 출판사의 【그림으로 배우는 호오포노포노】 참조) 이러한 날아오르는 새들의 모습으로 정형화된 동작을 카후나 아브라함 카와이이가 널리 알렸습니다. 카파렐레와 카히로아를 현대 마사지에 접목한 것이 일반적으로 알려진 로미로미 마사지입니다. 많은 경우 롱 스트로크 스웨디시 마사지의 형태를 사용합니다. (구체적인 현대 템플스타일 로미로미 마사지는 후에 다크아트 출판사를 통해 출판될 예정입니다)

　로미로미 마사지와 달리 로미로미 힐링은 좀 더 자유롭고 직관적으로 하며 신체적인 접촉을 하지 않습니다.

하와이 마나 힐링 CH3 현대 로미로미 힐링

카파렐레 발동작

❶

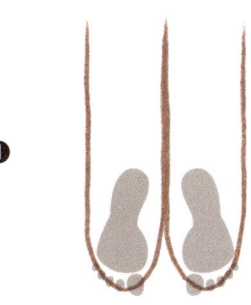

❷

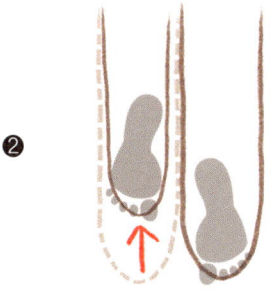

반보 뒤로 물러남

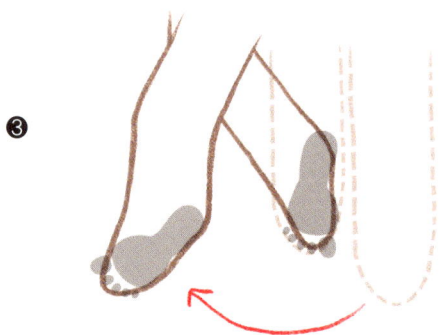

❸

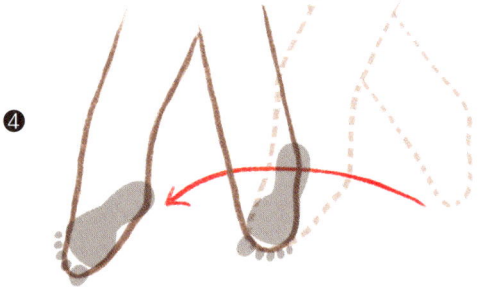

❹

❺

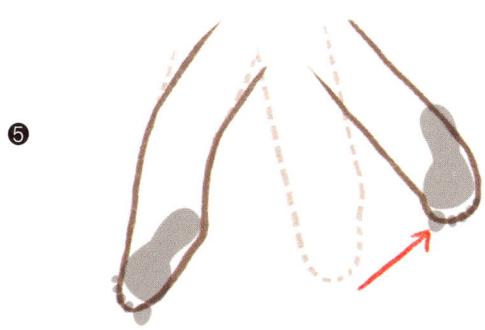

❻

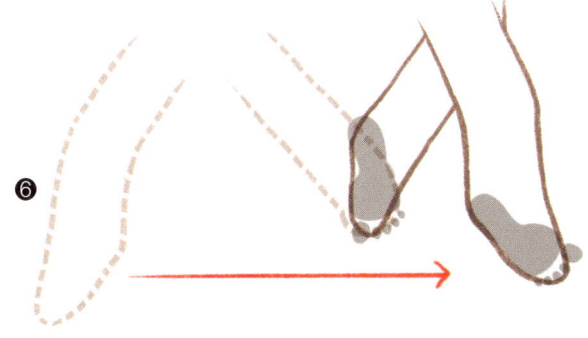

그림으로 배우는 마나힐링

❼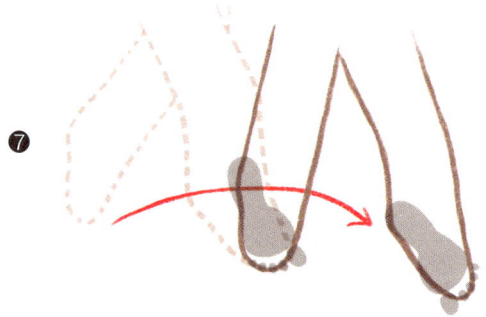

❽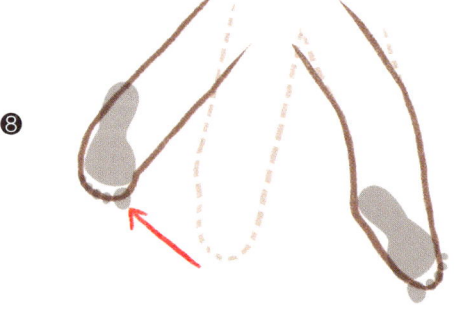

하와이 마나 힐링 CH3 현대 로미로미 힐링

❾

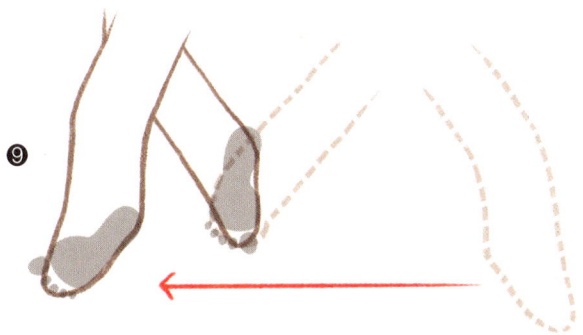

❿

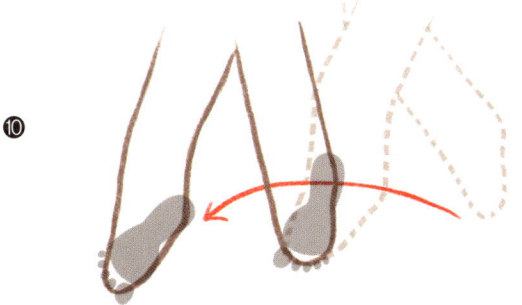

❶❶
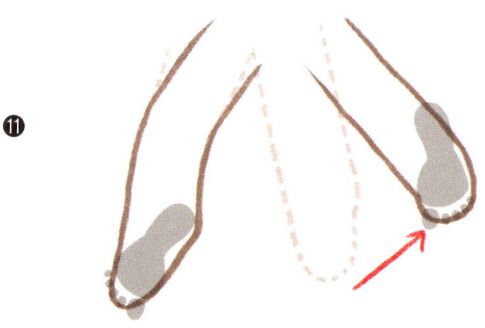

❶❷
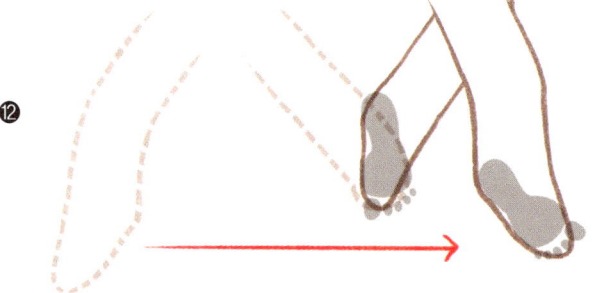

하와이 마나 힐링 CH3 현대 로미로미 힐링

⑬

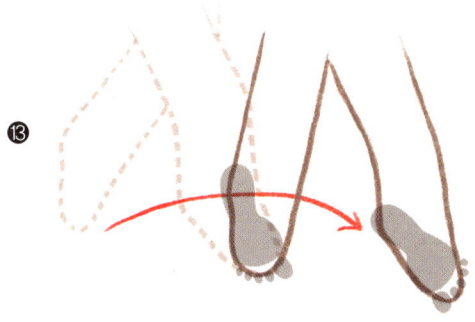

⑭

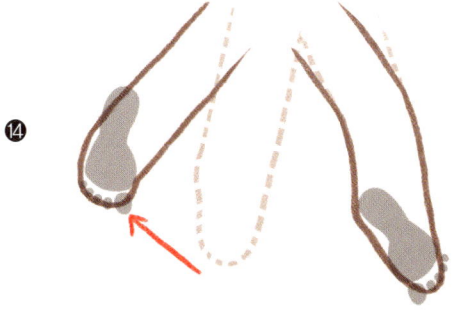

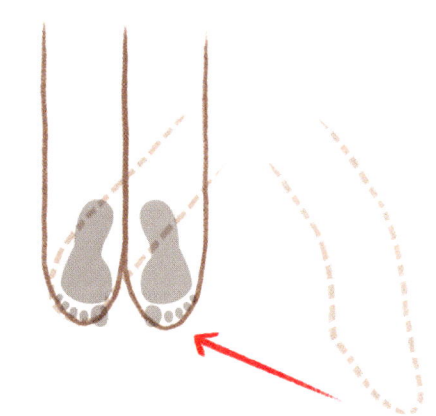

카파렐레 손동작

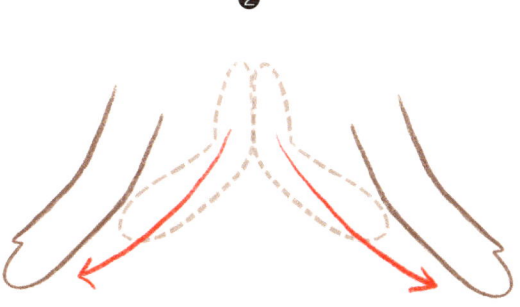

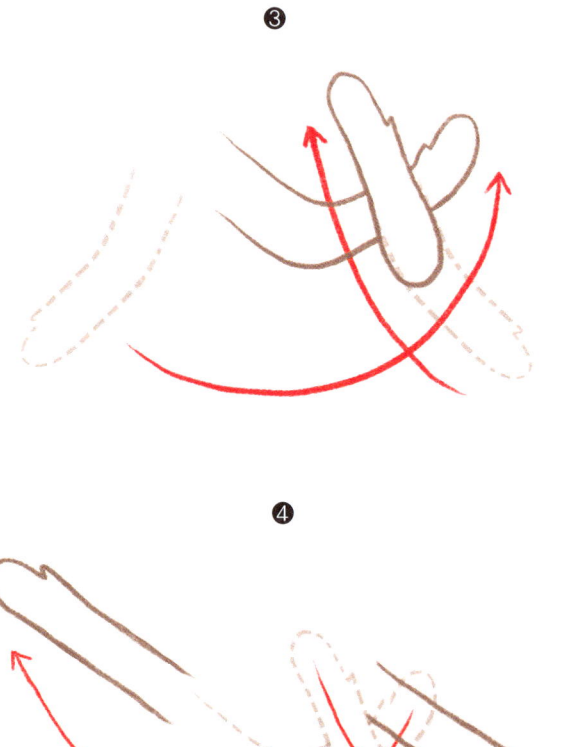

한와이 마나 힐링 CH3 현대 로미로미 힐링

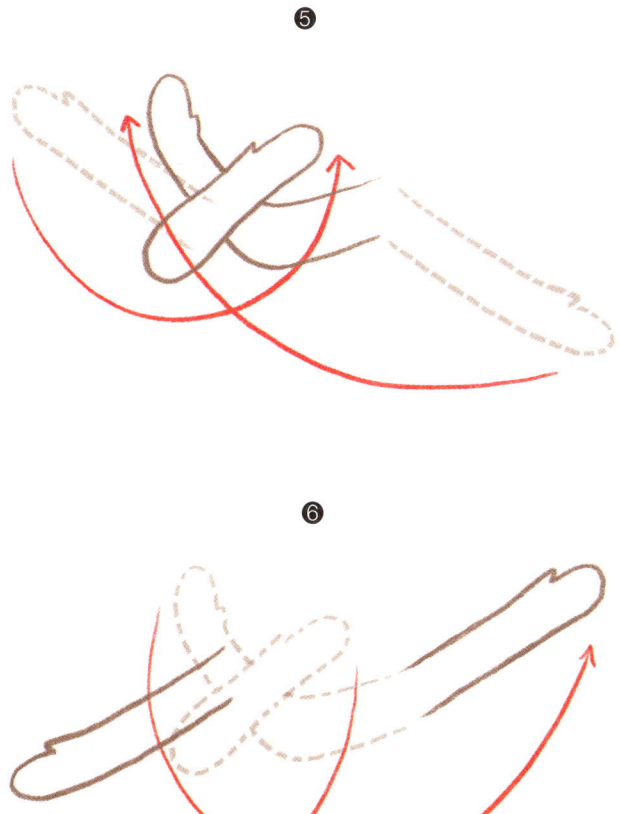

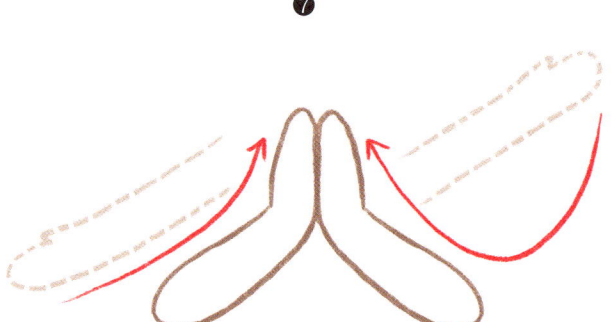

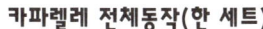 하와이 마나 힐링 CH3 현대 로미로미 힐링

카파렐레 전체동작(한 세트)

❶ 두 발은 모으고 합장한 직령 자세

❷ 오른발을 반보 뒤로 움직이며 팔은 아래로 내리며 펼칩니다.

❸ 왼발을 오른쪽으로 크로스하고 팔은 왼쪽으로 크로스하며 오른손을 안쪽으로 (발을 오른쪽으로 움직였으므로). 얼굴은 오른손을 바라봅니다.

❹ 오른발을 한보 크게 앞으로 내딛으며 팔은 양쪽 위아래로 높이 펼쳤다가 살짝 내리고 얼굴은 팔이 올라간 오른쪽을 향합니다.

❺ 왼발을 반보 뒤로 움직이며 올렸던 팔을 천천히 중앙을 향해 내립니다.

❻ 오른발을 왼쪽으로 크로스하고 팔은 오른쪽으로 크로스하여 왼손을 안쪽으로 (발을 왼쪽으로 움직였으므로), 얼굴은 왼손을 바라봅니다.

❼ 왼발을 한보 크게 앞으로 내딛으며 팔은 양쪽 위아래로 높이 펼쳤다가 살짝 내리고 얼굴은 팔이 올라간 왼쪽을 향합니다.

❽ 오른발을 반보 뒤로 움직이며 올렸던 팔을 천천히 중앙을 향해 내립니다.

❾ 왼발을 오른쪽으로 크로스하고 팔은 왼쪽으로 크로스하며 오른손을 안쪽으로 (발을 오른쪽으로 움직였으므로), 얼굴은 오른손을 바라봅니다.

❿ 오른발을 한보 크게 앞으로 내딛으며 팔은 양쪽 위아래로 높이 펼쳤다가 살짝 내리고 얼굴은 팔이 올라간 오른쪽을 향합니다.

❶ 왼발을 반보 뒤로 움직이며 올렸던 팔을 천천히 중앙을 향해 내립니다.

❷ 오른발을 왼쪽으로 크로스하고 팔은 오른쪽으로 크로스하여 왼손을 안쪽으로 (발을 왼쪽으로 움직였으므로). 얼굴은 왼손을 바라봅니다.

⓭ 왼발을 한보 크게 앞으로 내딛으며 팔은 양쪽 위아래로 높이 펼쳤다가 살짝 내리고 얼굴은 팔이 올라간 왼쪽을 향합니다.

⓮ 오른발을 반보 뒤로 움직이며 올렸던 팔을 천천히 중앙을 향해 내립니다.

그림으로 배우는 마나힐링

⑮ 두 발은 모으고 합장한 직령 자세로 돌아옵니다.

하와이 마나 힐링 CH3 현대 로미로미 힐링

※ 유튜브에서 'lomi lomi flying'으로 검색을 하면
　관련 영상을 볼 수 있습니다.

〈카파렐레 카히로아 힐링 세션〉

피코피코 마나 호흡을 하면서 동작을 하면 더욱 좋습니다. 내담자를 앞에 두고 카파렐레 전체동작을 끊김 없이 몇 세트를 필요한만큼 합니다. 동작시 에너지를 이오에게 올리는 듯 느껴가며 하다가 직관적으로 카히로아 7동작 중 내담자에게 필요한 동작이 생각나면 카파렐레에서 카히로아 동작으로 넘어갑니다.

하와이 마나 힐링 CH3 현대 로미로미 힐링

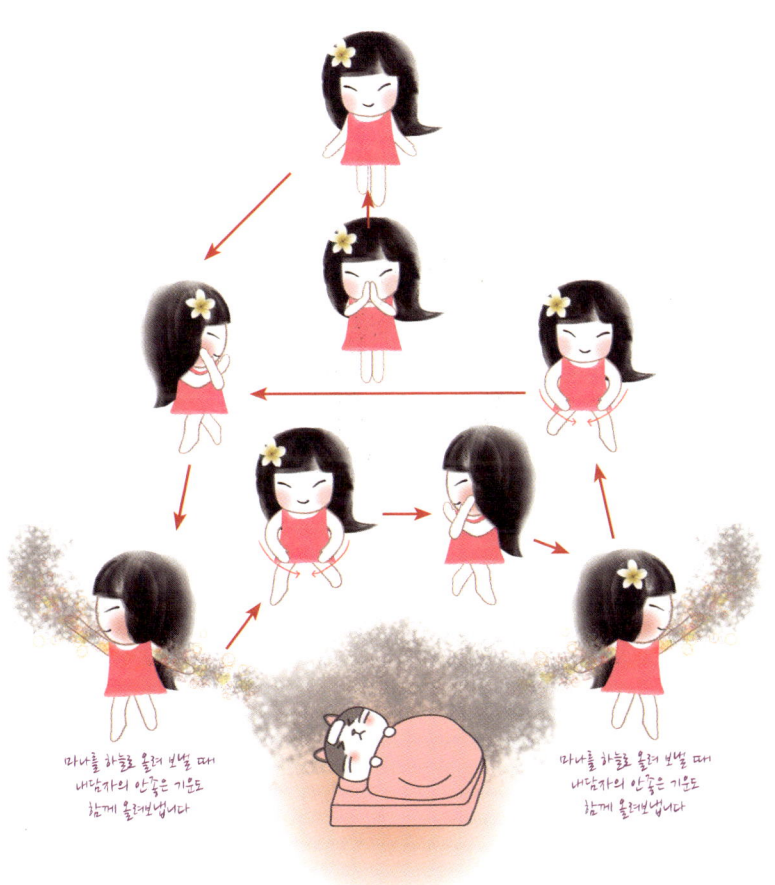

예를 들어, 카파렐레 동작 중 내담자에게 카히포하쿠 동작이 필요하다고 느껴지면 바로 카히포하쿠 동작으로 넘어가면 됩니다. 카히로아 동작도 필요한만큼 반복 또는 다른 카히로아 동작들을 합니다.

(Page 60 참조)

모든 카히로아 동작을 마치고나면 카히카나카 동작으로 끝냅니다.

(Page 65 참조)

직령 자세를 취하고 그라운딩 합니다.

(Page 23 참조)

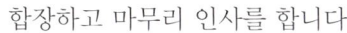

합장하고 마무리 인사를 합니다.

〈칼로칼로〉

칼로칼로의 의미는 허공에 말하기입니다. 모든 존재는 다 스스로의 아이덴티티를 가지고 있다고 설명했습니다. 그렇기에 내담자의 통증도 마음의 상처도 내담자의 신체의 일부(어깨, 무릎 관절 등등)도 아이덴티티를 가지고 있는 것입니다. 그래서 직관적으로 떠오르는 말을 그 아이덴티티와 나누는 것입니다. 예를 들면, 그 사람의 견갑골 부위를 카히로아 세션을 하다가 왠지 모르게 그 견갑골의 아이덴티티가 슬퍼하는 것 같다는 느낌이 들면 그 견갑골의 아이덴티티에게 위로의 말을 해주는 것입니다. 가능하면 소리를 내서 하는 것이 좋습니다만 마음속으로만 말을 해도 됩니다.

또는 좀 더 큰 힘의 존재들을 청해서 힐링을 할 때도
허공에 말을 하는 칼로칼로를 사용합니다.

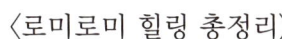

〈로미로미 힐링 총정리〉

로미로미 힐링은 카파렐레, 카히로아, 칼로칼로를 직관적으로 사용하는 기법입니다.

카파렐레를 해서 그 사람의 마나에 싸여있는 왜곡된 영과 혼을 솟구치고 날고 들어 올려서 신께 바침으로 정화를 행합니다.

정화가 되면 신으로부터 인스피레이션이 내려와서 그 사람에게 필요한 카히로아를 할 수 있도록 알려줍니다. 이 인스피레이션은 생각으로 떠오르기도 하고 느낌으로 오기도 하며 손이 저절로 움직이기도 합니다. 사람마다 다 다른 방식으로 인스피레이션을 받게 됩니다.

카파렐레로 정화가 되고 카히로아로 생명을 얻으면 아이덴티티가 활동하기 시작합니다. 이러한 아이덴티티들과 소통을 하거나 또는 더 큰 아이덴티티의 도움을 받아 이들을 도와주는 것이 칼로칼로입니다.

이 힐링은 꼭 사람이 아니라 동물이나 식물이나 사물에게도 해줄 수 있습니다.

[카파렐레]

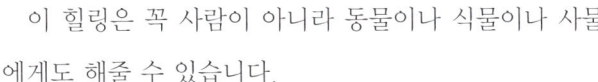

[카히로아]

원격으로도 가능합니다.

① 상대방의 생년월일을 쿠션 위에 올려 놓고 할 경우

[카파렐레]

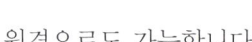

[카히로아]

[칼로칼로]

② 상상으로 할 경우

[카파렐레]

[카히로아]

[칼로칼로]

CH4 | 하트 힐링

  앞서의 사랑 명상을 할 때 잘 되는 날도 있지만 잘 되지 않고 마음이 계속 혼란스러울 때가 있습니다. 그럴 경우 하트 힐링을 하는 것이 좋습니다. 하트 힐링은 나도 모르게 상처 난 마음을 치유하는 것으로 우선 상처를 형상화하는 것으로부터 시작합니다.

  이 힐링을 할 때 준비물은 열 가지 색의 색연필이나 사인펜이나 크레용 등의 필기구와 다음에 소개할 하트 템플릿이 필요합니다.

하트 템플릿

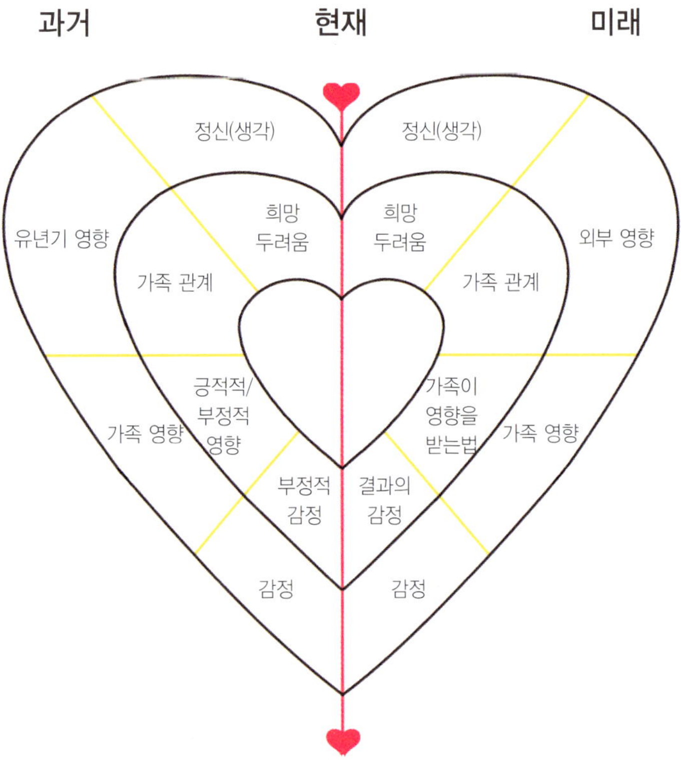

과거　　　　　　　현재　　　　　　　미래

정신(생각)　　　정신(생각)

유년기 영향　　희망
두려움　　희망
두려움　　외부 영향

가족 관계　　　　　가족 관계

긍정적/
부정적
영향　　　가족이
영향을
받는법

가족 영향　　　　　　　　　　가족 영향

부정적
감정　　결과의
감정

감정　　감정

10가지 색

따뜻한 색	중성색	차가운 색
빨강	초록	파랑
주황	검정	남색
노랑		보라
핑크		흰색

　템플릿에 자유롭게 10가지 색깔을 칠합니다. 그냥 마음 가는대로 낙서하듯이 칠하면 됩니다. 색만 칠해도 되고 무언가 떠오르는 단어나 문구가 있으면 그것을 써도 되고, 또는 떠오르는 어떤 형상 또는 이미지를 더해도 됩니다.

하트 템플릿 예제 1)

과거   현재   미래

하트 템플릿 예제 2)

하트 템플릿 예제 3)

| 과거 | 현재 | 미래 |

그런 후에 해석을 해봅니다.

각 색깔의 의미는 다음과 같습니다.

	빨강색			초록색
	열정, 생명력			평화주의, 조화
정상	결단력, 카리스마, 리더쉽	보색	정상	평화, 조화, 밸런스
과다	남을 지배하려고 함 컨트롤프릭, 알파가 되려고 함 타인 핍박, 타인 착취		과다	우유부단, 결단을 못 내림 상황에 잘 휩쓸림 자기의사 불분명, 주장을 못함

	주황색			남색
	생각없이 저지르고보는 것 사주의 戊土 일간과 같음			계획적, 생각
정상	실천력과 실행력 있음, 적극성	보색	정상	계획, 기획, 교육, 학습, 준비, 훈련
과다	일만 벌리고 민폐끼치는 캐릭터, 생각 없이 행동함, 무계획		과다	준비만 하고 아무 것도 안함, 생각만 하고 실천 안함

	노란색			보라색
	즐거움, 흥미			영성
정상	즐거움, 유희, 흥미로움	보색	정상	헌신, 자기절제, 영성, 신앙심
과다	유흥, 쾌락, 중독		과다	아스트랄 꽃밭, 비현실적 형이상학적, 독선

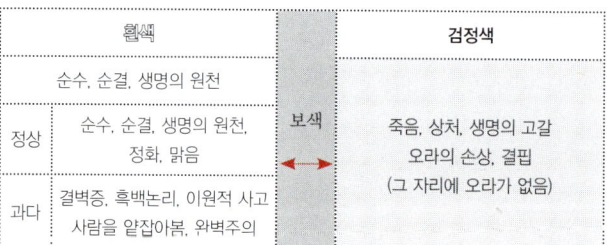

흰색		보색	검정색
순수, 순결, 생명의 원천			
정상	순수, 순결, 생명의 원천, 정화, 맑음	보색	죽음, 상처, 생명의 고갈 오라의 손상, 결핍 (그 자리에 오라가 없음)
과다	결벽증, 흑백논리, 이원적 사고 사람을 얕잡아봄, 완벽주의		

그리고나서 태양 명상, 달 명상 후 색이 칠해진 템플릿에 직관적으로 카히로아 6가지를 선택적으로 행하고, 충분히 힐링이 된 것 같으면 카히카나카(P.65)를 행하고 그라운딩 후 마칩니다.

CH5 | 차크라 힐링

　차크라 힐링은 여러 차례 하트 힐링을 했는데도 불구하고 마음의 혼란스러움이 계속되면 행합니다. 다음의 템플릿을 사용해서 하트 힐링 때와 동일하게 색칠을 합니다.

차크라 템플릿

하와이 마나 힐링 CH5 차크라 힐링

7가지 차크라의 의미

- 1차크라 : 안전
- 2차크라 : 죄책감
- 3차크라 : 승부욕
- 4차크라 : 사랑받고 싶은 욕구
- 5차크라 : 솔직한 표현
- 6차크라 : 생각
- 7차크라 : 신뢰

※아래부터 1차크라입니다.

차크라 템플릿 예제 1)

차크라 템플릿 예제 2)

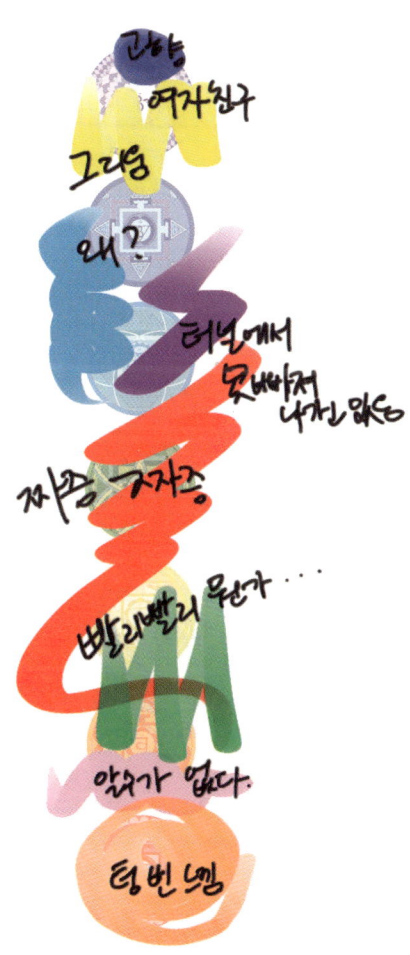

차크라 템플릿 예제 3)

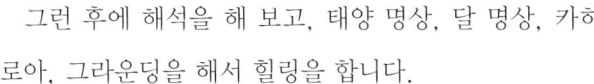

그런 후에 해석을 해 보고, 태양 명상, 달 명상, 카히로아, 그라운딩을 해서 힐링을 합니다.

하트 힐링이 마음의 힐링이라면 차크라 힐링은 영혼의 힐링입니다.

CH6 | 오라 힐링

　오라 힐링은 하트 힐링이나 차크라 힐링과는 다르게 '운'이라고 부르는 현상을 힐링하는 것입니다. 우리가 살면서 운이 좋을 때도 있고 나쁠 때도 있고 어떤 분야는 운이 좋은데 어떤 분야는 운이 나쁠 수도 있습니다. 그리고 잘 풀리던 일이 갑자기 운이 나빠지면서 어려워지기도 합니다. 이렇게 운이 안 좋은 것을 운이 아픈 것으로 여기고 힐링을 하는 것이지요. 하와이 원주민들의 사고방식에서는 모든 것에 아이덴티티가 있기에 나의 운명도 스스로의 아이덴티티를 가지고 있습니다. 그렇기에 그 아이덴티티를 힐링할 수 있는 것이지요.

　방법은 다음의 템플릿에 10가지 색으로 칠을 해서 인

생의 어느 분야에 운이 안 좋은지를 형상화하고 힐링을 하는 것입니다.

템플릿의 신체 부위별 위치의 의미는 다음과 같습니다.

머리	가치관
오른쪽 어깨 (잘 쓰는 쪽 어깨)	동성의 인간 관계, 교우 관계, 공적/일적 인간 관계
왼쪽 어깨 (잘 안 쓰는 쪽 어깨)	이성의 인간 관계, 애증 관계, 사적 인간 관계
심장(가슴)	심성, 품성, 성격
손	그 사람의 소질, 재주, 재능, 능력
발	실천, 실행

오라 템플릿 [남자]

오라 템플릿 [여자]

오라 템플릿 예제 1)

오라 템플릿 예제 2)

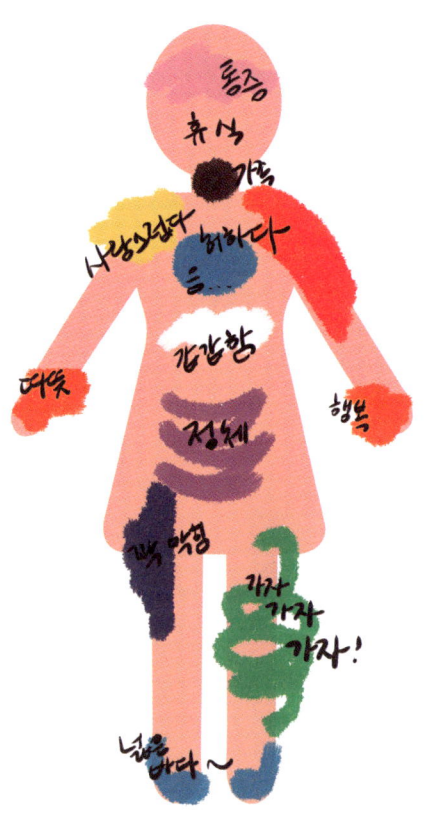

오라 템플릿 예제 3)

해석을 해 보고, 태양 명상, 달 명상, 카히로아, 그라운딩을 해서 힐링을 합니다.

마음의 힐링인 '하트 힐링'과 영혼의 힐링인 '차크라 힐링'과 운의 힐링인 '오라 힐링'은 자기 자신만이 아니라 타인을 위해서도 할 수 있습니다. 또한 카히로아가 아니라 칼로칼로를 사용해도 되며 두 가지를 함께 해도 좋습니다.

CH6 오라 힐링

CH7 | 애니멀 토템

하와이 마나 힐링 CH7 애니멀 토템

 샤머니즘에서 이 세상은 거대한 생명의 나무의 반영이라고 봅니다. 그러므로 내면의 여행을 할 때 마음 속에 이 생명의 나무를 심상으로 그립니다.

상위계

가지와 나무 윗부분은 상위계를 상징합니다.

중위계

나무 기둥은 중위계를 상징합니다 : 나무 안에 세 가지 영적인 세상으로 인도하는 통로의 입구가 있습니다.

하위계

나무의 뿌리는 하위계를 상징합니다.

[상위계]

상위계는 천사, 천상의 존재들, 아마쿠아(아우마쿠아), 그리고 영적인 지도자들의 세계입니다. 우리가 영적 안내자와 지혜를 찾기 위해 가야 하는 장소입니다.

[중위계]

중위계는 우리가 살고 있는 매일매일의 세상입니다.

[하위계]

하위계는 자연령들과 우니히필리(우니히피리)의 세계입니다. 이 세계에서는 식물들, 동물들 그리고 자연세계와 연결할 수 있습니다. 이곳이 바로 애니멀 토템을 찾을 수 있는 장소입니다.

애니멀 토템(파워 애니멀)

우리 인간들도 크게 구분하면 동물의 일종입니다. 그렇기 때문에 고대인들은 우리들 마음의 깊은 수준은 동물들의 영혼과 연결되어 있다고 믿었습니다. 만일 동물들과 영적 교감을 할 때 개별적인 동물(내가 키우던 고양이 등등)과 소통을 한다면 이를 '애니멀 패밀리어'라고 부릅니다. 하지만 고양이라는 종족의 집단적 영혼과 소통할 경우 이를 '애니멀 토템' 또는 '파워 애니멀'과 소통한다고 말합니다.

애니멀 패밀리어와의 소통은 주로 마음 수준에서 일어나며 애니멀 토템(파워 애니멀)과의 소통은 주로 영혼 수준에서 일어나게 됩니다. 애니멀 토템(파워 애니멀)들은 인류가 잃어버린 자연 속의 지혜를 갖추고 있는 존재들입니다.

애너멀 토템과 만나는 명상법

① 눈을 감고 편안한 자세로 이완합니다.

② 피코피코 마나 호흡을 합니다.

③ 태양 명상을 합니다.

④ 달 명상을 합니다.

⑤ 커다란 나무 앞에 서 있는 것을 떠올립니다.

⑥ 나무 기둥 안에 계단이 있는 열린 통로를 발견하고 계단 아래로 내려갑니다.

⑦ 계단을 끝까지 내려가서 다시 나무 기둥 밖으로 나오면 이곳은 하위계입니다.

⑧ 환상적인 자연 경관이 눈 앞에 펼쳐져 있습니다. 애니멀 토템이 이 숲속에서 당신을 기다리고 있습니다.

⑨ 이제 애니멀 토템을 찾으러 나섭니다. 숲속을 걸어가다보면 나무들이 우거진 오솔길 끝편에 고대 사원을 보게 됩니다. 사원으로 향해 나아갑니다.

⑩ 사원에 도달하면 안으로 들어갑니다. 애니멀 토템이 오고 있다는 걸 직감적으로 알 수 있습니다. 몸을 이완하고 애니멀 토템이 오기를 조용히 기다립니다.

⑪ 조용한 가운데 어딘가에서 바스락 거리는 소리가 나면 애니멀 토템이 가까이 있다는 것을 알 수 있습니다. 점점 가까이 다가오는 것을 느낍니다. 곧 따뜻하고 믿음이 가는 기분을 느끼게 되면 애니멀 토템이 와 있는 것입니다. 애니멀 토템은 당신이 하위계를 여행하기를 원합니다. 애니멀 토템을 따라 하위계를 탐험합니다.

⑫ 하위계의 여행이 끝나면 다시 돌아가야 합니다. 애니멀 토템에게 여행에 대한 감사의 인사를 하고, 다시 올 것을 약속하며 이별의 인사를 나눕니다.

⑬ 왔던 오솔길을 다시 돌아 나와 숲속을 나갑니다.

⑭ 나무의 입구로 돌아와 계단을 다시 올라갑니다.

⑮ 계단을 올라와 나무 바깥으로 나갑니다.

⑯ 처음과 같이 나무 앞에 서 있는 자신을 발견합니다.

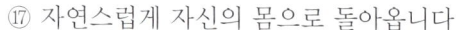

⑰ 자연스럽게 자신의 몸으로 돌아옵니다.

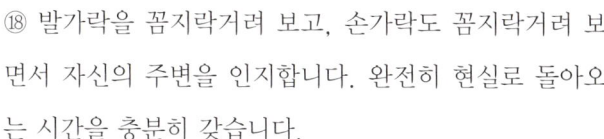

⑱ 발가락을 꼼지락거려 보고, 손가락도 꼼지락거려 보면서 자신의 주변을 인지합니다. 완전히 현실로 돌아오는 시간을 충분히 갖습니다.

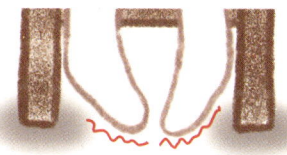

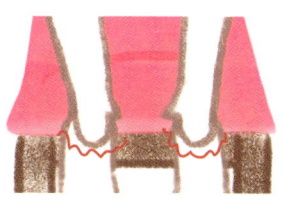

⑲ 그라운딩을 합니다.

⑳ 천천히 눈을 뜨고 주위를 둘러봅니다.

동일한 방법으로 다른 사람의 애니멀 토템(파워 애니멀)을 찾아 줄 수도 있습니다.

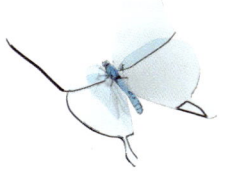

CH8 | 소울 리트리벌

　마음과 영혼의 치유를 해도 일시적인 효과만 나거나 딱히 고통스러운 것은 아니지만 무엇인가 텅빈 공허감이 들 때 우리는 영혼의 손상이라는 뜻의 '소울 로스(Soul Loss)'를 생각해 보아야 합니다. 소울 로스는 다음과 같은 상황에서 일어나게 됩니다.

소울 로스의 대표적인 원인

[어려운 유년기 시절을 겪었을 때]

[학대를 받을 때]

[외부의 무언가에 몰두할 때]

[사고를 당했을 때]

[가까운 누군가 사망하거나 그와 이별했을 때]

소울 로스의 대표적인 증상

지금 이 현실의 현실감이 사라지는 느낌

우울감

완전하지 않은 느낌

자신의 일부분이 죽어버린 느낌

인생에서 무엇인가 빠져있는 느낌

어딘가에 갇혀버린 느낌

무언가 잃어버린 느낌

소울 리트리벌 명상법

찢겨져 나간 영혼의 일부를 되찾아오는 것이 소울 리트리벌입니다.

① 눈을 감고 편안한 자세로 이완합니다.

② 피코피코 마나 호흡을 합니다.

③ 태양 명상을 합니다.

④ 달 명상을 합니다.

⑤ 커다란 나무 앞에 서 있는 것을 떠올립니다.

⑥ 나무 기둥 안에 계단이 있는 열린 통로를 발견하고 계단 아래로 내려갑니다.

⑦ 계단을 끝까지 내려가서 다시 나무 기둥 밖으로 나옵니다. 하위계에 도달하였습니다.

⑧ 주위를 둘러보면 숲속의 자연 경관이 펼쳐져 있습니다. 이곳에서 당신은 지구와 매우 밀접하게 연결되어 있음을 느낍니다.

⑨ 눈앞에 당신의 애니멀 토템이 다가오고 있습니다. 이 애니멀 토템은 당신의 소울 리트리벌에 도움을 주러 왔습니다. 영적인 친구로서 이 하위계의 여행을 당신과 함께 할 것입니다. 잠시 잃어버린 영혼의 일부를 찾으러 이곳에 온 것을 마음에 새깁니다.

⑩ 애니멀 토템을 따라갑니다. 애니멀 토템은 당신을 어디로 데려가야 할지 알고 있습니다. 믿고 따라가면 됩니다.

⑪ 잃어버린 영혼에게로 인도하도록 자신을 맡겨둡니다. 영혼의 일부를 찾았을 때 그것은 여러가지 모습으로 나타납니다. 다른 연령대의 자신일 수도 있고, 자신을 상징하는 어떤 물건일 수도 있습니다. 너무 많은 의미를 이해하려 애쓰지 말고 있는 그대로를 받아들입니다.

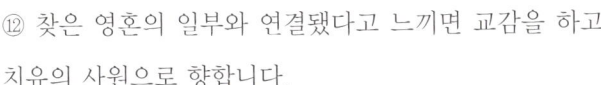

⑫ 찾은 영혼의 일부와 연결됐다고 느끼면 교감을 하고 치유의 사원으로 향합니다.

⑬ 애니멀 토템과 찾은 영혼과 함께 사원 안으로 들어갑니다. 이제 눈을 감고 잃어버렸던 자신의 영혼의 일부와 다시 연결하는 시간을 갖습니다.

⑭ 하트 차크라에 집중하여 차크라를 열고 영혼의 일부에게 다시 돌아와 달라고 부탁을 합니다. 영혼이 하트 차크라를 통해 들어옵니다.

⑮ 하나와 된 영혼의 일부와 완전히 연결될 수 있도록 충분한 시간을 가지고 교감을 합니다. 영혼이 나와 하나가 되었음을 느껴봅니다.

⑯ 이제 돌아갈 시간입니다. 애니멀 토템에게 감사와 작별 인사를 나눕니다.

⑰ 나무의 입구로 돌아와 다시 계단을 올라갑니다.

하와이 마나 힐링 CH8 소울 리트리벌

⑱ 계단을 올라와 나무 바깥으로 나갑니다.

⑲ 처음과 같이 나무 앞에 서 있는 자신을 발견합니다.

⑳ 자연스럽게 자신의 몸으로 돌아옵니다.

㉑ 발가락을 꼼지락거려 보고, 손가락도 꼼지락거려 보면서 자신의 주변을 인지합니다. 완전히 현실로 돌아오는 시간을 충분히 갖습니다.

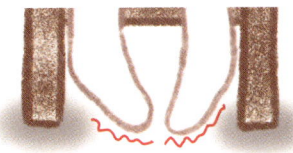

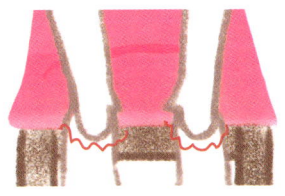

㉒ 그라운딩을 합니다.

㉓ 천천히 눈을 뜨고 주위를 둘러봅니다.

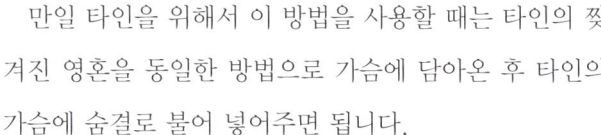

만일 타인을 위해서 이 방법을 사용할 때는 타인의 찢겨진 영혼을 동일한 방법으로 가슴에 담아온 후 타인의 가슴에 숨결로 불어 넣어주면 됩니다.

타인을 위한 소울 리트리벌 명상법

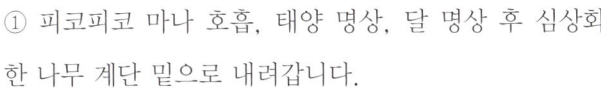

① 피코피코 마나 호흡, 태양 명상, 달 명상 후 심상화한 나무 계단 밑으로 내려갑니다.

② 애니멀 토템을 만나서 내담자의 잃어버린 영혼의 일부를 만나러 갑니다.

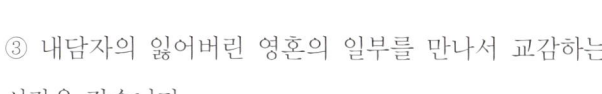

③ 내담자의 잃어버린 영혼의 일부를 만나서 교감하는 시간을 갖습니다.

④ 사원 안으로 들어가 하트 차크라를 통해 영혼을 받아들입니다.

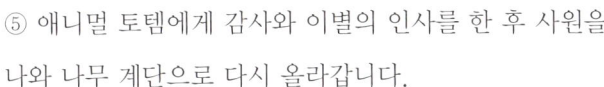

⑤ 애니멀 토템에게 감사와 이별의 인사를 한 후 사원을 나와 나무 계단으로 다시 올라갑니다.

⑥ 자연스럽게 자신의 몸으로 돌아와 손가락 발가락을 움직여 보며 완전히 현실로 돌아온 후 그라운딩을 합니다.

⑦ 천천히 눈을 뜨고 주위를 둘러봅니다.

⑧ 내담자의 가슴에 숨결을 불어넣어 주듯이 가슴에 담아온 잃어버린 영혼의 일부분을 되돌려 줍니다.

※ 이 과정은 원격으로 로미로미를 하듯이 심상화로 할 수 있습니다.

CH9 | 스피릿 가이드 힐링

힐링을 마치고 나면 이후로는 내 영혼의 진화를 목표로 수행을 하게 됩니다. 가장 좋은 방법은 상위계의 존재인 스피릿 가이드 혹은 아마쿠아와 만나는 것입니다.

스피릿 가이드 만나는 명상법

① 눈을 감고 편안한 자세로 이완합니다.

② 피코피코 마나 호흡을 합니다.

③ 태양 명상을 합니다.

④ 달 명상을 합니다.

⑤ 커다란 나무 앞에 서 있는 것을 떠올립니다.

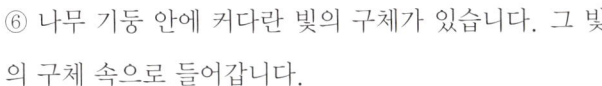

⑥ 나무 기둥 안에 커다란 빛의 구체가 있습니다. 그 빛의 구체 속으로 들어갑니다.

⑦ 빛의 구체 안은 매우 포근하고 안전하다는 느낌을 받습니다. 구체는 천천히 위로 떠오르다 마침내 나무 밖으로 나오게 됩니다. 여기는 당신의 스피릿 가이드를 만나기 위해 여행을 하게 될 상위계입니다.

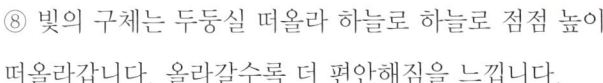

⑧ 빛의 구체는 두둥실 떠올라 하늘로 하늘로 점점 높이 떠올라갑니다. 올라갈수록 더 편안해짐을 느낍니다.

⑨ 구름을 뚫고 더 높이 높이 올라갑니다. 이제 당신의 스피릿 가이드가 기다리고 있는 천상을 여행하게 될 것입니다.

⑩ 마침내 천상의 정원에 도달했습니다. 저 아래 나무 밑에서 당신을 향해 손을 흔들고 있는 스피릿 가이드가 보입니다. 천천히 아래로 아래로 내려갑니다.

⑪ 빛의 구체가 땅에 닿는 순간 구체는 사라지고 스피릿 가이드와 만나게 됩니다. 스피릿 가이드는 환영하며 당신과 인사를 나눕니다.

⑫ 스피릿 가이드는 두 날개로 당신을 감싸고, 당신은 포근함 속에 보호받는 느낌을 강하게 느끼며 힐링을 받습니다.

⑬ 힐링을 마치고 스피릿 가이드는 당신을 안고 하늘로 높이 날아 어딘가로 데려갑니다.

⑭ 아름다운 황금빛 사원에 도달합니다. 이곳은 당신이 카르마 시간여행을 하게 될 힐링 사원입니다. 문을 열고 들어가면 많은 문이 있는 긴 복도가 펼쳐집니다. 각 문에는 이름들이 붙어 있고, 당신의 이름이 붙어 있는 문을 찾습니다. 곧 발견하게 됩니다.

⑮ 스피릿 가이드와 함께 당신의 이름이 붙어 있는 문을 열고 들어가면 끝도 없이 펼쳐진 타임라인이 있습니다. 타임라인 위에 떠서 보면 뒤로는 당신의 과거, 앞으로는 당신의 미래임을 알 수 있습니다.

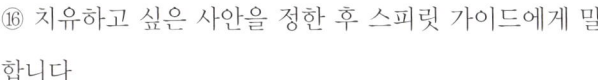

⑯ 치유하고 싶은 사안을 정한 후 스피릿 가이드에게 말합니다.

⑰ 타임라인에서 연애사에 문제가 되는 생을 스피릿 가이드와 함께 찾아 나섭니다. 과거의 카르마 타임라인을 여행하다보면 문제가 시작된 생을 쉽게 알아볼 수 있습니다.

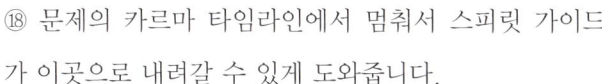

⑱ 문제의 카르마 타임라인에서 멈춰서 스피릿 가이드가 이곳으로 내려갈 수 있게 도와줍니다.

⑲ 연애사에 문제가 되는 원인이 되는 일이 영화처럼 보입니다. 스피릿 가이드의 보호 아래 제3자의 입장에서 어떠한 감정의 이입 없이 벌어지고 있는 일을 관찰합니다.

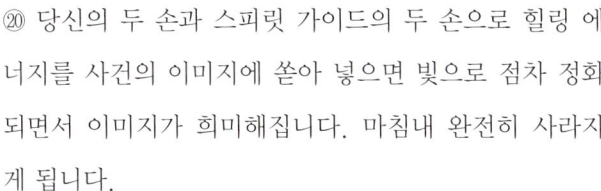

⑳ 당신의 두 손과 스피릿 가이드의 두 손으로 힐링 에너지를 사건의 이미지에 쏟아 넣으면 빛으로 점차 정화되면서 이미지가 희미해집니다. 마침내 완전히 사라지게 됩니다.

㉑ 이제 스피릿 가이드와 함께 날아서 힐링 사원의 문을 지나 천상의 정원으로 다시 돌아갑니다.

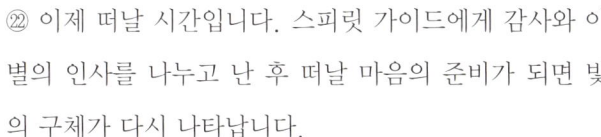

㉒ 이제 떠날 시간입니다. 스피릿 가이드에게 감사와 이별의 인사를 나누고 난 후 떠날 마음의 준비가 되면 빛의 구체가 다시 나타납니다.

㉓ 빛의 구체로 들어가면 구체는 다시 두둥실 떠서 하늘로 하늘로 날아 천국의 정원을 떠납니다.

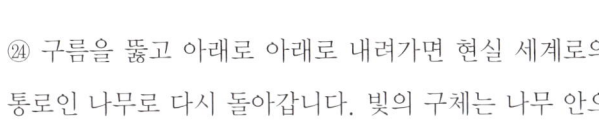

㉔ 구름을 뚫고 아래로 아래로 내려가면 현실 세계로의 통로인 나무로 다시 돌아갑니다. 빛의 구체는 나무 안으로 들어가 또 다시 아래로 내려갑니다.

㉕ 도착하면 빛의 구체에서 나옵니다.

㉖ 처음과 같이 나무 앞에 서 있는 자신을 발견합니다.

㉗ 자연스럽게 자신의 몸으로 돌아옵니다.

㉘ 발가락을 꼼지락거려 보고, 손가락도 꼼지락거려 보면서 자신의 주변을 인지합니다. 완전히 현실로 돌아오는 시간을 충분히 갖습니다.

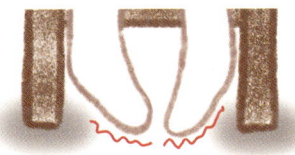

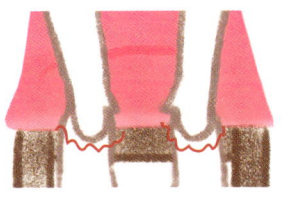

㉙ 그라운딩을 합니다.

㉚ 천천히 눈을 뜨고 주위를 둘러봅니다.

※이 방법 역시 타인을 위해서 해줄 수 있으며 원격으로도 가능합니다.

- **하트 템플릿**
- **차크라 템플릿**
- **오라 템플릿(남자)**
- **오라 템플릿(여자)**

직접 템플릿에 연습해 보세요

[하트 템플릿]

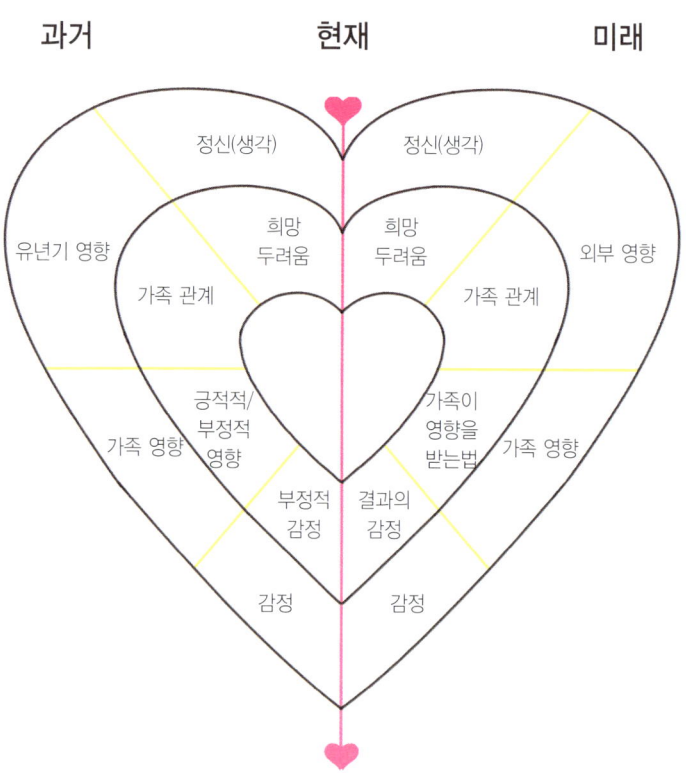

[차크라 템플릿]

[오라 템플릿 (남자)]

[오라 템플릿 (여자)]

이 페이지에 손을 대거나 그림을 바라보고 있으면
축복의 마나를 받을 수 있습니다